ムダの向こうに見えたもの

山田日登志の改善魂

山田日登志
Yamada Hitoshi
【著】

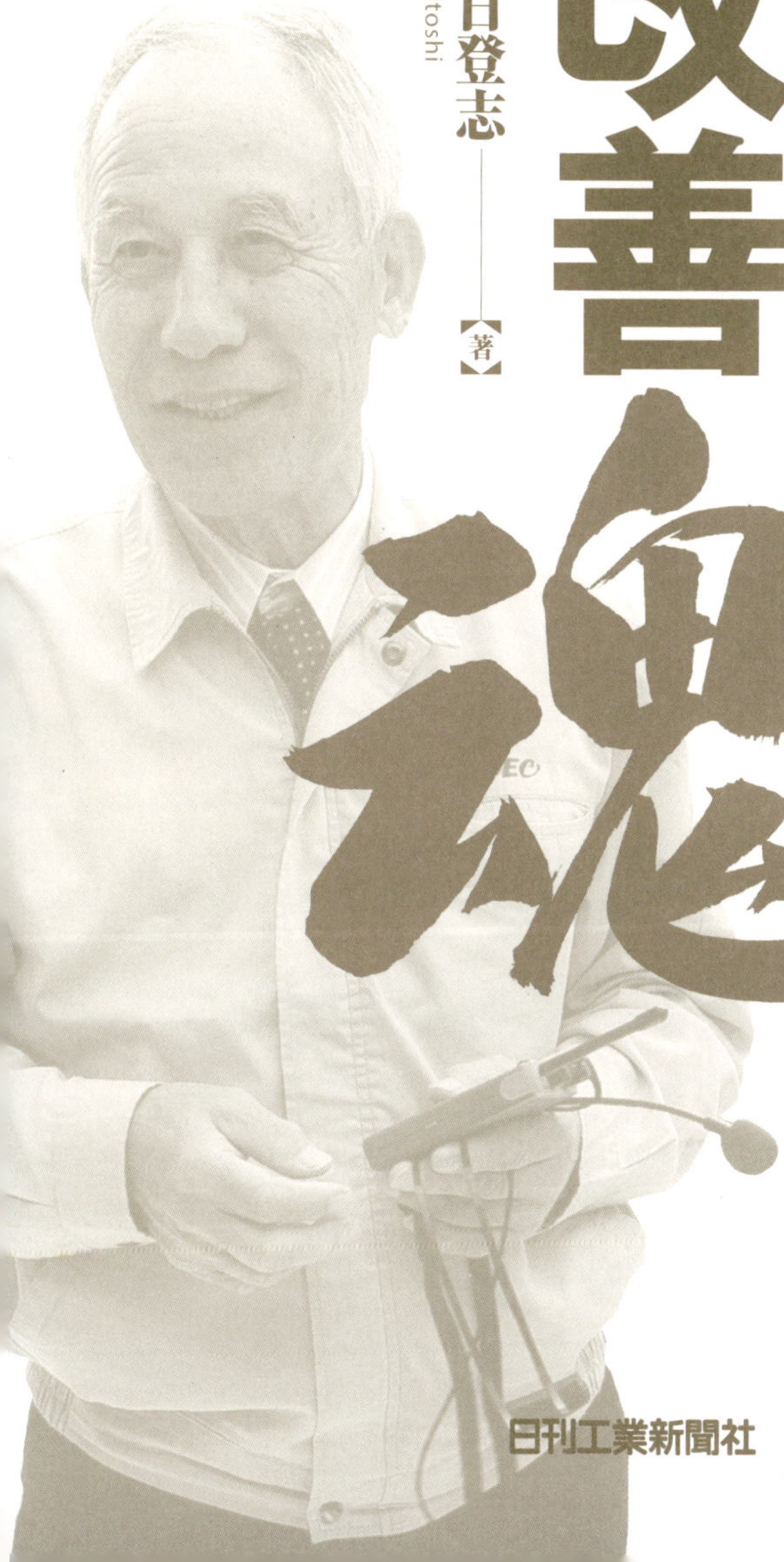

日刊工業新聞社

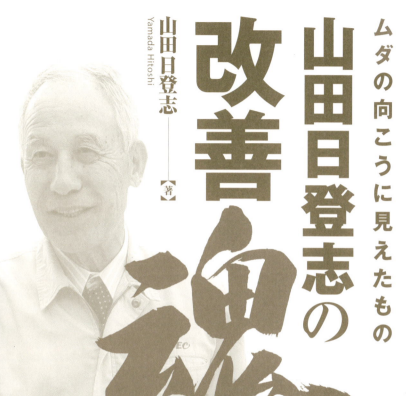

はじめに ～現場改善に学ぶ

このところ、巷では〝卒婚〟という言葉が流行っていると聞く。東京で働く女性の2人に1人は独身と言われている。男が弱くなって結婚できなくなったのか。はたまた、女性が強くなって結婚したくなくなったのか――。これでは日本の人口は減り続け、やがて日本が地球から消えてしまうのではないか、と心配するのは人口問題研究家や政治家ばかりではあるまい。

ダーウィンの進化論以来、何世紀もかけて猿から進化した現代人には理解できないかもしれないが、両親から生まれた事実を認めつつ、神が生き物や地球をつくったと信じる私には、「生きている」「生かされている」のどちらが正しいかと問われれば後者の方だ。「生かされている」ことを感謝し、日々を過ごせるようになったのは何歳からだろう。そう生きることで幸せになれると教えてくれたのは、明治生まれの〝産婆〟だった母親である。
もうひとつ、母親から繰り返し教えられたことは、「他人様の言うことにはよく耳を傾けなさい」だった。わが師、大野耐一先生のトヨタ生産方式の中で、真因を追究するために「なぜ？」「なぜ？」を5回繰り返す〝なぜ5回〟という概念がある。他人様に聞くのか自問するかは別として、生きること（＝問題解決）を問い続けるところに人生があると考えている。

人間はもちろん地球や太陽を創造したのは神、と信じる私の視点で歴史をひもとくと、各地の人間（今では種族と呼んでいるが）の間で争いに勝ち残った者を豪族と呼び、互いが戦争を起こさない程度に統一できた集団を〝国〟と称するようになったと想像する。国を統一する人を国王と呼び、その人種を統率するようになったのはいつからか。日本の神話によると神武天皇からで約2600年前、国譲りの出雲の国が生まれていたことは、それ以前となる。

はじめに

キリストが生まれたのは少し後の約２０００年前で、それ以前は今日の西欧キリスト教文化は存在せず、日本の方がはるかに先進国であったことになる。キリストは聖母マリアから生まれてきたため、両親とりわけ父親はいなく、神の子と呼ばれ、西洋人の間ではそのように教えられてきたようだ。

日本は神武天皇以来、天皇家という神が国を治め続けていると教育されるようになったのは仁徳天皇の頃だろうか。これらの神の御旗に、あわよくば国を治める権力を取ろうと戦争が起きたのは世界史が証するところである。

神様を利用して争いを起こすものの、その勝負を決めるのはやはり神様だ。そんな国から逃げ出し、現地人に勝ち誇って成立したのが現在のアメリカ合衆国である。今日、世界を支配しているのはこの国と信じている人は多い。これに異を唱えている国の代表がロシアのプーチン大統領であり、世界一の人口を抱えた中国の習近平主席で、この3カ国が地球の盟主たらんとしているところに他の国々が翻弄されている、というのが現在の世界の姿であろう。

国力とは、経済力と軍事力の合算である。その統率ができる人こそ国の指導者にふさわしく、その人をどう選ぶかは科学的にも人類学的にも解明されていない。私にはこれも神の仕業のように思える。こうした経済力と軍事力の源泉が産業社会であり、農業や工業という〝モノづくり〟である。

そんなモノづくりに革命を起こしたものこそ大野先生が生んだトヨタ生産方式で、同じモノをつくり大量に販売して成功したアメリカ経営学に代わる手法として、世界を席巻している。私の脳は、師に会った瞬間から強く反応し、私をその思想の虜にした。これも神の仕業だろう。それ以降、現場改善に夢中になった。私のような男に、ソニーもキヤノンもＬＩＸＩＬもスタンレー電気も、長年おつき合いしてくれた。私が主宰するＰＥＣで改善リーダー養成を受け、自社へ帰って活躍する人は35年間で1万３０００人を超えた。

人間が何に夢中になり、どう行動を起こすかについての研究は、医学や心理学などの分野で進歩している。そんな中、「人間は何でできているのか？」という問いに対して、私は「心と体でできている」と答え、「心を分析すると、知性・感性・理性で構成されている」と言うようになった。知性は心のあるところ、すなわち心臓から発するもの。一方、感性とは五感（視覚・聴覚・味覚・嗅覚・触覚）から感じ取るもので、知性と感性が脳細胞でブレンドされ、理性すなわち気となって人間の行動を起こさせていると思える。知性は代々、血で受け継いでいくことで高められ、感性は訓練によって発達するようだ。良い家柄と厳しい訓練。これこそ英国が教えてくれたことにもかかわらず、それを守れる人間はいない。だからこそ、人間は繰り返し失敗する生き物なのであろう。

「神って、どこにいるのだろう？」

現場改善に奮闘しながらそのように毎日思いつつ、書き留めたのが本書の内容である。これも神の仕業なのか。

著者

山田日登志の改善魂　目次

第1章　夢が自分を突き動かす

第2章　志で仕事は変わる

目　次

第3章　人に優しく　会社に強く

目　次

第1班
合板カット工程
出荷管理板

第１章

夢が自分を突き動かす

人生

夢を持ち、志を立て
行いに生き、耐え続けた結果に
幸せの一瞬がある

幸せな人生は死ぬときの
自分の評価で決めるものだ

幸福感

人間は
自分がやりたいことを
やりたいようにできたときが
〝幸せ〟を感じる
そのためには
自由とお金が要る

知性、感性、理性

日本では、人間には
知性、感性、理性があると言われている

私の頭には？
知性とは　心臓ででき、
感性とは　五感から吸収するもので
理性とは　脳でブレンドされるもの

このブレンドされたものが
〝気〟

となって、人間の体を動かす

と、わかっている

人間は、気によって行動させられている

個性って、いつできるのか

自分の個性は
先天的に持って生まれるのか
体力が育つとともにできるのか

似合う

高級品は一人にしか似合わない
大衆品は誰にでも似合う
大衆品には個性がない
豊かな時代は個性を大切に

みんなが高級化すれば
エネルギー・環境問題もなくなる

長所

日本の精神
　質素・倹約

アメリカの豊かさ
　大量生産、大量消費

どちらが、地球を大切にする
エネルギーを大切にすることなんだろう

一日

嬉しい
悲しい
楽しい
苦しい
が、たった24時間の中でも
私の体の中を何度も通り過ぎて行く
人生の中では、何回繰り返すことだろう

行動と考え

行動が変われば、考え方も変わる
その第一歩は、良い返事だ

「ハイ！」
うなずく
笑顔になる

まず、相手が喜んでくれたのか

悩み

思ったことが、できないと
人間の体に現われる
現象

ひらめきとは

努力し続け、苦しんで苦しんで、
もうだめかナ……と思ったときに
神様の啓示が下りてくることをいう

何もしてなくても
神様が啓示を下さるときもある

自分の努力か、誰かの徳を
いただいたのかよく反省しよう

生きるって、なんや？

知るって、人間のどこが
どうなることなのだろう
勉強せよと言われても、
何をするのかわからない私

考えるって、どうすることかもわからない
思うって、体の
どこをどう使うのかわからない

なりたい自分

教養よりもまず夢と目標

何になりたいか
何をやりたいか

は、教養とは関係ない

本当の自分

謙虚であるのも人間
威張りたいのも人間

どちらの人間になりたいか

なりたい自分になる

働くということ

人間は、なぜ働くのか。

生きるために働く。お金をいただくために頭を下げる。

戦後は、街角に多くの傷痍軍人が立っていた。日本のために軍人になり、負傷して働くことができなくなった人々だった。多くの人が避けるようにして通り過ぎて行くのだが、私の母は私をつれてよく十円玉を入れるのを目にした。母は産婆として、村の子供をこの世に出す手伝いをずっとして、私たちを育ててくれた。

生命の尊さや、生きるとはどれほどの苦しさを伴うかをよく知っていたようだ。まして夫と早く死別し、子供8人を育て上げたことは大変だったに相違ない。子供の前で愚痴ひとつ言うことなく、自転車に乗って村の子供の生まれた家を回って、湯洗いしていたのだ。

何不自由なく育てられていたのだが、母親が子供のために必死で働く姿は、子供にとっても痛いように感じられた。

上3人の姉兄は、家にいることなく、物心ついたときには、下の3兄弟だけが家にいた。姉は病院で働き、上の兄だけが母の手伝いに田畑の手入れをしていたのだろう。家で一緒にいた記憶はない。

母の苦労を知った3人は、何か手伝うのか手伝わされるのか、家事やら畑の草取りなどに駆り出されていた。末っ子の私は比較的楽ができ、よくサボることもした。どこかに〝済まない〟という気持ちがあったのかもしれない。それが今の私だ。働くこと、人一倍働くことを大切にして生きてこられた。他人に感謝される働きができたのは幸せだった。

働くことを幸せと思える、自分を育ててくれた母親に感謝しなければならない。

モノづくりに入魂する人

　モノづくりとは、いったい何をすることだろうか？

　私は、人間以外に、他者のためにモノづくりはできないのではないか、といつも考えている。

　自分のため、子孫のためにモノづくりするのは、動物も同じである。

　私の家の軒下には、毎年春になるとツバメが飛来する。夫婦になって始める子供たちのための巣づくりを毎年観察していると、非常におもしろいことに気づいた。

　ツバメの巣づくりには２つのパターンがある。先年つくった巣を修繕して終わる夫婦と、新たに巣をこしらえる夫婦がいるのだ。昨年の夫婦が修繕をし、新婚夫婦が新居をつくるのかは定かではないが、わが家の軒下はツバメの巣がいくつもでき上がっている。

私にとっては同じように見える巣でも、ツバメにはツバメのルールと感性があるのだろう。巣が気に入って子供を育てるのか、新築するのかの決断は、その夫婦によって決めているようだ。


モノづくりの原点は、使っていただく人の満足を勝ち取ることにあるのではないか。少しでも喜んで使っていただく。少しでも便利に使っていただく。そして、使っていただく人とつくった人が、ともに満足と誇りを持って〝モノが日常使われている〟。そんなモノをつくれてこそ、モノづくりに励み、良き仕事ができるのではなかろうか。

天皇陛下に貢上できる品物をつくることができた。あるいは、オバマ大統領が食する〝すし〟を握ることができる。モノづくりの本当の喜びは、いかに顧客満足を勝ち取るために自分を磨くかで得られる。日夜をいとわず、ひたすら〝お客様のために〟生きがいを持てるモノづくりができるかどうかである。そこに、人間の欲と満足があり、人間の味（人間力）が発揮される。

〝人間国宝〟と呼ばれる誇り高い〝技〟を持つことができてこそ、人生を生き抜いたモノづくりの師と呼べる存在なのだろう。モノづくりに携わるすべての人は、人間国宝をめざしたらいい。人間国宝、人間県宝、人間町宝、になることこそ働く意義に違いない。

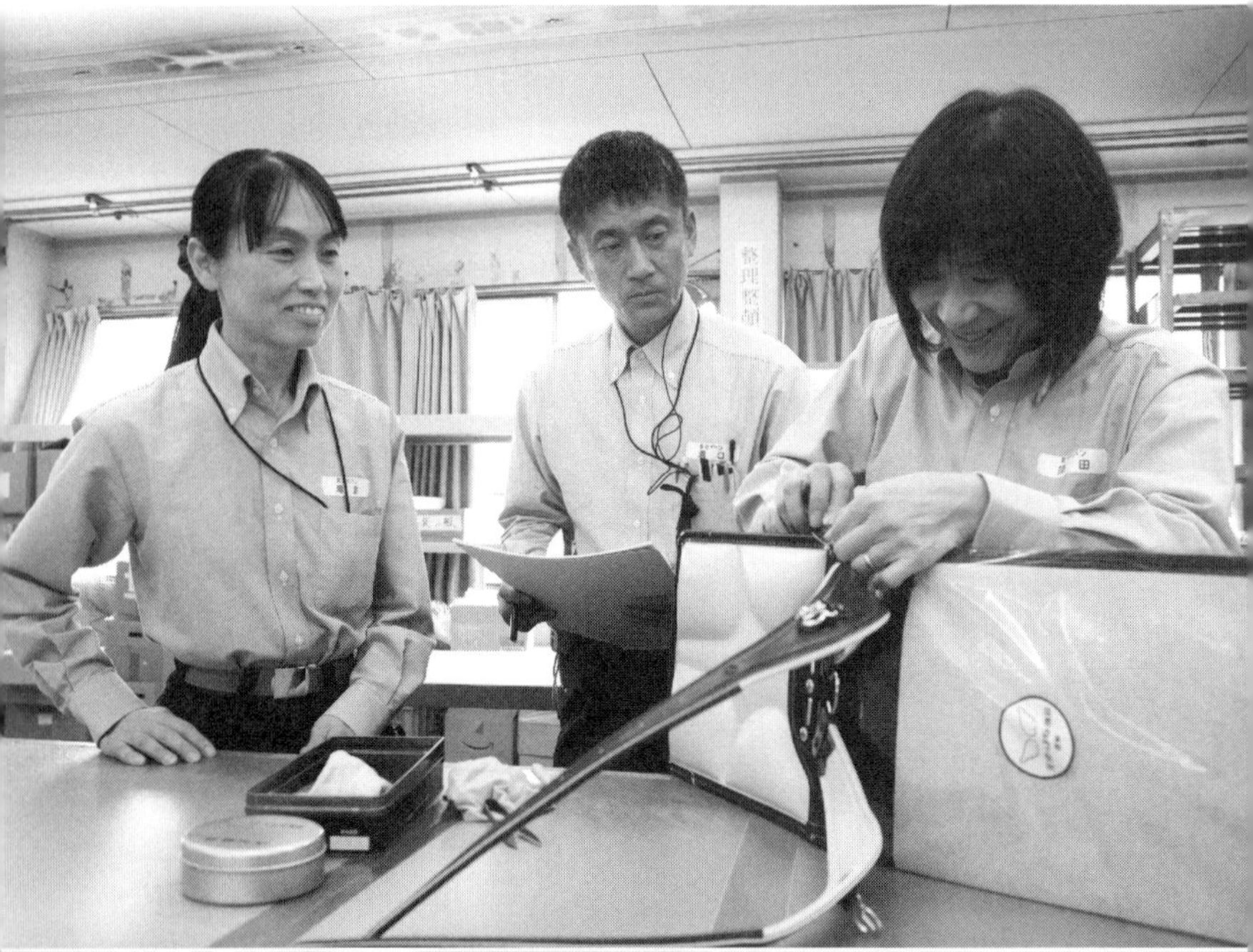

TENSHO
通函
TENSHO
通函
TENSHO
通函
TENSHO

第2章

志で仕事は変わる

思う

思うって、どうすることかナ
思っても、行動できないことの方が多い

ホームランを打とうと思う
試験で１００点取ろうと思う
思うだけでは、結果は出ない

好きな仕事

好きなことを仕事にしたいとは
学生時代、誰でも思うが、
それは簡単にはつかむことができない

良い仕事とは、自分にとって何なのか
を研究することなくして、
学歴だけでたくさんの人を満足させ、
お金をいただけるほど世間は甘くない

損得

損得は人間の尺度
善悪は神の尺度
善悪は、お金で
計算できないもんナー

稼ぎを得る

イチロー選手は、バットを振り
球を受けることだけで
人生の中途でもう192億円も
稼いだと報じられている

松下幸之助氏、本田宗一郎氏
豊田英二氏は人を組織的に
動かすことで、大企業を育てた

どちらの働き方が私に合っているのかな

仕事の優先順位

やらないといけない仕事
やった方がいい仕事
やらなくてもよい仕事

これがよくわからないのだナー
サラリーマンの私

仕事と作業の違い

徳を積むためにするのが＝仕事
言われたままするのは＝作業

徳とは、
心正しく行動することを積み重ねる
善い行いを続ける
他人を心服してくれる振る舞い

自分の意志でお客様のために工夫することは仕事
言われたままに時間を使うのが作業

お客様を思ってする仕事

明日の仕事をいただける働き方

私たちは働くことで社会に貢献し、生活の糧である給料を受け取り、生活を維持・向上させようとしている。会社に行ったら朝の8時から夕方5時から6時まで、しっかり仕事を全うしていると思っている。しかし、そんな自らの仕事について、一度問い詰めてみる必要はないだろうか。

◇上司の指示で行う作業
◇連絡、調整のための打合せ、会議
◇突然入ってくるお客様のクレーム

こうしたその時々に入る指示に追われ、忙しく時間を過ごしてはいないか。ちょっと待てよ。いったいどのように過ごし、時間に追われているのだろうか。本当は他人の指示を待って仕事を進めてはいないだろうか。

電通の創業者の言葉に、「仕事は自らつくり出すもので、他人から与えられるべきものではない」とあるが、私たちは新入社員のときから先輩の教えに学び、仕事ができるように成長してきた。そうした過程で、自分から仕事をつくり出すことを考えなくなっている。どうやら指示待ち人間になっているようである。

もし、そう気づいたなら、今日から反省の時間を持とう。

今日は、誰の指示で時間を使ったか。

その目的は何か、効果はどうか。

誰に喜ばれたか？

このように、一つひとつを指示―作業―完成―報告というように分析するのである。他者から指示される前に、自ら提案できるようにまずは始めて、その結果、仕事をつくることに結びつくのである。

まず明日、仕事をいただける〝お客様〟は誰か。どんな仕事をくれそうなのか、その仕事にはどんな効果が期待されるのか？

こうしたことを前の晩から考え、朝になったらもう一度具体化し、仕事をいただけるお客様へ先手を打って挨拶に行き、今日出そうな仕事を先回りして話しかけるのである。

仕事とは、お客様があって成り立ち、お客様に価値を認めていただき、お金をいただけるという基本を忘れてはいけない。まずはお客様ありきなのだ。会社において自分に仕事（作業）の指示を出す人を把握し、なぜ出すのか、どんな成果が期待され、どれほどの時間を要したのかを記録しておくのである。そして、仕事が終わったら反省を忘れず、仕事の指示から結果までを思い描くのである。

このような習慣を身につけてこそ、主体性のある仕事が行え、仕事を創造できるようになる。

仕事は無情？

私なりに一生懸命頑張っています
それで結果は何も出ない

できないと言うこと

難しいと言う前に
やろうとしない自分を反省

仕事の三要素

◇誰のために
◇何を
◇いつまでに

２人の仕事を考える

①上司の指示、または標準作業に従い
同じ動作を、同じ時間で繰り返し
材料を製品にするために繰り返すこと（作業者）

②会社でつくった製品、または他社から
買い入れた商品を、欲しいお客様を見出し、
会社で定めた価格、またはそれに近い価格で売り付け、
代金をいただくようにすること（セールスマン）

仕事こそ人生〜一人ひとりが夢へ挑戦

戦後70年の年月が過ぎ、日本も大きく変化した。最後の国民学校1年生として入学したときのことを思い出す。

教科書さえ一人ひとりに行き渡るわけでなく、兄や姉のお古を譲り受け、都合の悪い部分（アメリカから見た内容で）はスミでまっ黒に塗りつぶしてあった。私のもらった通知表は名前が間違えたままで、それは3学期まで変わることなく使われ、今もなお私の手元に残っている。

学校の庭ではきゅうりやへちまを栽培し、それを塩もみして食べたのを覚えている。そんな貧しさも、学年が上がるにつれて豊かになっていった。遊ぶ道具もなかった1年生が、2年生のときにはドッジボールが、3年生になったらソフトボールとバットが与えられ、運動場に活気が出るようになった。

そして、4年生になると新制中学校ができ、教室は同じ校舎の中だが兄や姉は「中学生になる」と喜んでいた。

「もはや、戦後ではない」というキャッチフレーズを子供心に覚えていて、卒業生はほぼ全員が農業ではなく、紡績や織物工場へ働きに出た。「ガチャマン景気」と称され、尾張一宮を中心に繊維産業が大繁盛し、日曜日の街は若い女性で埋まるようになった。

こうして、土曜日が休日になることは夢のまた夢で、週に48時間労働＋残業が当たり前の高度成長期を迎える。子供も親も、働かなければ食うことも生きることもできない時代があったことを、今日どのように伝えたらいいか。平和と豊かさの中で「働く」という意義や、働くことなくして今日の豊かさや明日は考えられなかったことを忘れてはならない。

現場を変える志は冷めやらず

気がつけば後期高齢者と呼ばれる年齢になり、「生きるとは何か」「やりがいとは何か」をいつも考えるようになってきた。

ＰＥＣではムダに気づく人間を育てることで企業の業績を上げ、結果として働く人の収入を増やし、それが豊かな社会づくりに貢献できると信じて活動を続けてきた。ソニーやキヤノンの生産現場に入り、成果を上げてきたのだが、トップが交替すると誰も私を訪ねてくる人がいなくなった。もっとも、私のトップへの擦り寄り方が下手なことに理由があるのだろう。

苦しいときは改善を進め、業績を上げようと一緒に取り組むのだが、結果が出てからの私の立場は微妙になる。社長を立てるようにしているつもりだが、私の振る舞いがどうしても横着と感じられるのであろう。改革を進めることができる人物と、改革が成功して組織を守り安定化させる人物は別なのかもしれない。

２０１５年のＮＨＫ大河ドラマ「花燃ゆ」は、明治の改革にスポットを当て、女性「文」を中心に描いているのだが、改革の中で命を失うもの、改革になくてはならなかった薩摩の西郷隆盛も組織と仲間に疎んじられ、ついに西南戦争で散っていくストーリーだ。

改革を進める者と、安定して組織を守り発展させるのは、同じ人物ではダメなのだろう。改革のお手伝いをいろいろな企業でやってきたのだが、組織を守る人にとって私の存在は、邪魔なのは疑いようがない。もしかしたら、トヨタにおける大野耐一先生も同じ立場だったのであろうか。今、師の没後30年、製造業になくてはならない考え方としてトヨタ生産方式は育ってきたのだが……。

第3章

人に優しく
会社に強く

経営に必要な利益感覚

今日、一日でいくら売り上げ
いくらの利益が欲しいのか？

そのために今日、何をしなければならないか

経営とは仲間づくり

仲間をつくること
信用して買ってくださるお客様という仲間
仕事という経営者の言うことを聞いて、
能力の割に賃金の安い労働をしてくれる
社員の仲間

価値は決められない

価値は、自分ではつけられないが
価格（メーカー希望価格）は自分でつけられる
価値と価格が合ってこそ製品は売れる
利益は、より良い価値をつけてくれる他人とのつき合い

他人のつけてくれる価値を想像できる経営者
でなければ、経営はすぐに行き詰まる

部下に価値を期待せよ
どんな行動をとれ、何を学べと言えるか

学者と経営者

知識を多くして、体を使わないで稼ぐ人
――学者

知恵と体を24時間使い、稼ぐ人
――経営者

社長は夢を語れ

社長の夢に共感し、集った人を
社長の意志に従って動く集団にして
動かせる人間たれ

全方位に気配り

お客様と社員に気配りすること
気が通じ合うことが、
買う気になったり、やる気になったりさせる
そして、明るい会社、明るい社会を
つくることになる

真似て学ぶ

効率的に働く、人づくり競争の場である

トヨタ自動車は、
企業競争のオリンピックがあるとすれば
50年続けて日本の代表であり、
金メダルとは言わないまでも入賞常連組だ

トヨタの真似をしてトヨタに近づけるなら
名経営者の資格がある
「トヨタは別…」と諦める社長が、日本には多過ぎる

社長の誇り

社長という肩書きは
勝手につけることができるが、
いったい年収いくら以上取っている
人間がふさわしいのだろうか？

赤字会社の社長で
年収わずか３６０万円の人間が
いることを知って

今日も価値を求めて

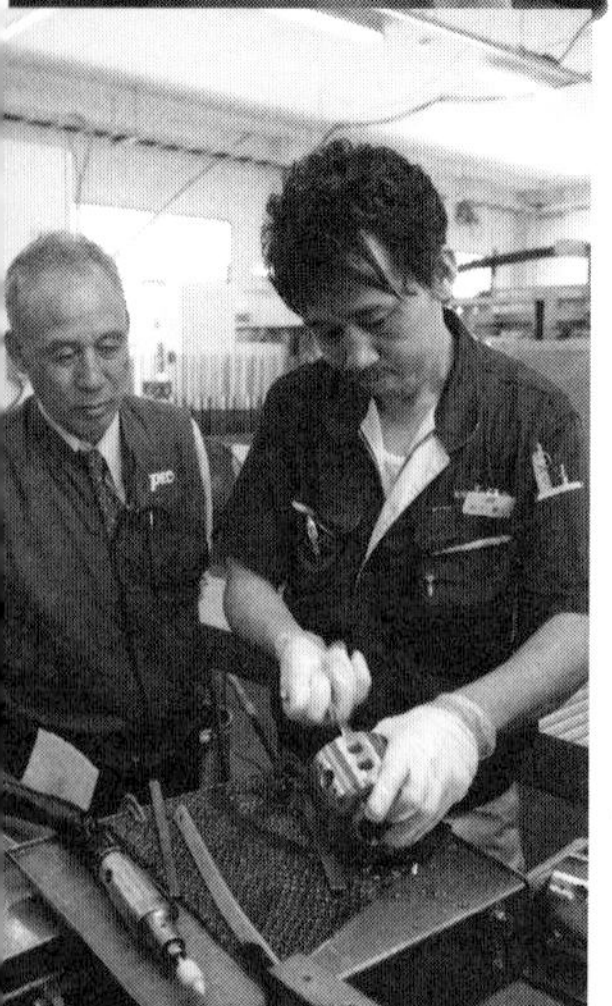

トップの器量

勝ちたい、何とかライバル会社に勝ちたい
自社なりに一生懸命努力するよう
計画を立て、幹部を集めて説教した
しかし、ライバルとの差は開くばかりだ

俺が悪いのか
幹部が悪いのか
作業者が悪いのか

俺の悩みどころだ

失敗

失敗しないように
そればかり考えるより、
失敗したときの対策が大事

肩書き

肩書きと、権力は
相関関係があるように思えるが、
肩書きと仕事の能力とは
相関関係がないように思える

人事って難しい

管理と改善

管理とは
良いか、悪いか
速いか、遅いか
誰が見てもわかるようにすること

改善とは
お客様に満足してもらおうと、
8時間の労働時間を少しでも
短縮するように工夫、行動して
労働強化にならないこと

残業

なぜ、８時間で作業を終えられないか
サイクル・タイム、タクト・タイムを研究せよ
人の動作をジッと見よ

人の動作のムダがわかり、
そのムダとりこそが残業をなくし
工数を減らし、会社は儲かり
作業は楽になる

ホウ・レン・ソウ（報告、連絡、相談）

「ホウ・レン・ソウ」は、企業内で円滑に目標を達成するため、相互に、いや各組織の中で日常的に行われていることである。しかし、日々実施しているからこそ大切にされず、大きなトラブルやクレームの原因になっていることが多い。

このトラブルやクレームによって、どれだけの管理者がその対策に苦慮しているかは計り知れない。たとえば高価な設備でトラブルがあり、機械が止まっている場合、作業者や現場の監督者がいつまでに管理者に報告し、対処を求めるべきかという期限が決められておらず、今日の出荷に間に合わないことがわかってから、初めて工場長や管理者に報告されるような場面も多くの現場で見られる。

こうしたことに対し、会議が招集されて対策が話し合われるのだが、機械故障の原因が曖昧で、会議をしても再発防止にならないことが多い。解決に10分以上かかったら、すぐに管理者か工場長に連絡がとれ、全工場の問題として扱わなければならない。なぜトラブルが起きたかを工場全体の問題とするには、時間の概念をはっきりルール化して、その意義の定着を図ることが大切である。

トラブルやクレームへの対処を早くするため、ホウ・レン・ソウに対する意識の徹底とルール化が企業における命題だ。現状と原因については、いつまでに、誰に報告しなければいけないか。対策に関わる人すべてが問題を共有化できるよう、報告の範囲を設定することが大切である。トラブルやクレームの早期発見と対応には、誰に連絡し、アクションを起こすまでの時間を明確にすることが大切だ。

良いリーダー

おまえに任せた、自分で決めろ
と言いながら、
部下の動きを観察し、
良い結果を出す
部下をつくる人

言葉で伝えず、気で伝える人
行動するには気が必要だ

儲ける

アリガトウと言えるとき
相手は必ず心が和む
最後のアリガトウゴザイマスを
どうお客様に言えるか

戦略と戦術

戦略

＝目的をつくる（ＳＴＲＡＴＥＧＹ）

何のために生きるのか

何のために時を過ごすのか

誰のためにか

戦術

＝手段を見出し、一番良い方法で（ＴＡＣＴＩＣＳ）

どのように戦うのか

戦いの手段・方法を比べる

経営って、簡単なことだ

松下幸之助氏や本田宗一郎氏を
戦後、日本が生んだ名経営者と呼ぶ

二人とも小学校しか出ていないから
学歴は不用であり、
現場と現物を前に日夜を過ごし
その精神を社会に与え続けて、
会社を大きくした人である

経営に必要なのは何かナ

強い経営に必要なこと

指導先のひとつである、プラスチック精密工業部品製造メーカーのS社に行った。指導を始めて5年になるが、富山工場はまるで様変わりした。

元・キヤノン製造副本部長のHさんにつれられて行ったときには、挨拶もほとんどしない社員であふれ、開講式では社長の言葉も「こんなものか…」と感じるほどだった。それが、PECの教育を受ける人が多くなるに従って人が、空気が変わり始めた。

まず工場長がトレーナー養成講座に参加し、自分が先頭に立たねばという責任感を自覚した。そして、社員一人ひとりを変えることが自分の責任と考えるようになり、挨拶と2Sを自ら実践したのである。それに続く社員が、講座の修了生の中から育っていった。

経営に不可欠なのは、モラールと2Sであることは疑いようがない。この基本は変わらない。どういう型で組織に定着させるかはそれぞれの企業にもよるが、これがチームワークの基本である。

S社で、もうひとつ変わったことは、社長の自信ではなかろうか。

営業出身の社長は、製造現場を知ろうともしなかったが、私の指導会に必ず出席するうちに現場のことが見てわかるようになったのであろう。それが自信につながり、積極的になっていった。

工場が変わり、海外投資も進め、今では世界中の拠点に工場がある。トップの指導力（方針）と社員のモラール、2Sができた環境、これが強い組織の条件と言えるだろう。これまでの改革メンバーに欠けていたのは、そうした自覚と行動力だ。教えられているのだが生かし切れないところに、結果が生まれない原因があったのかもしれない。

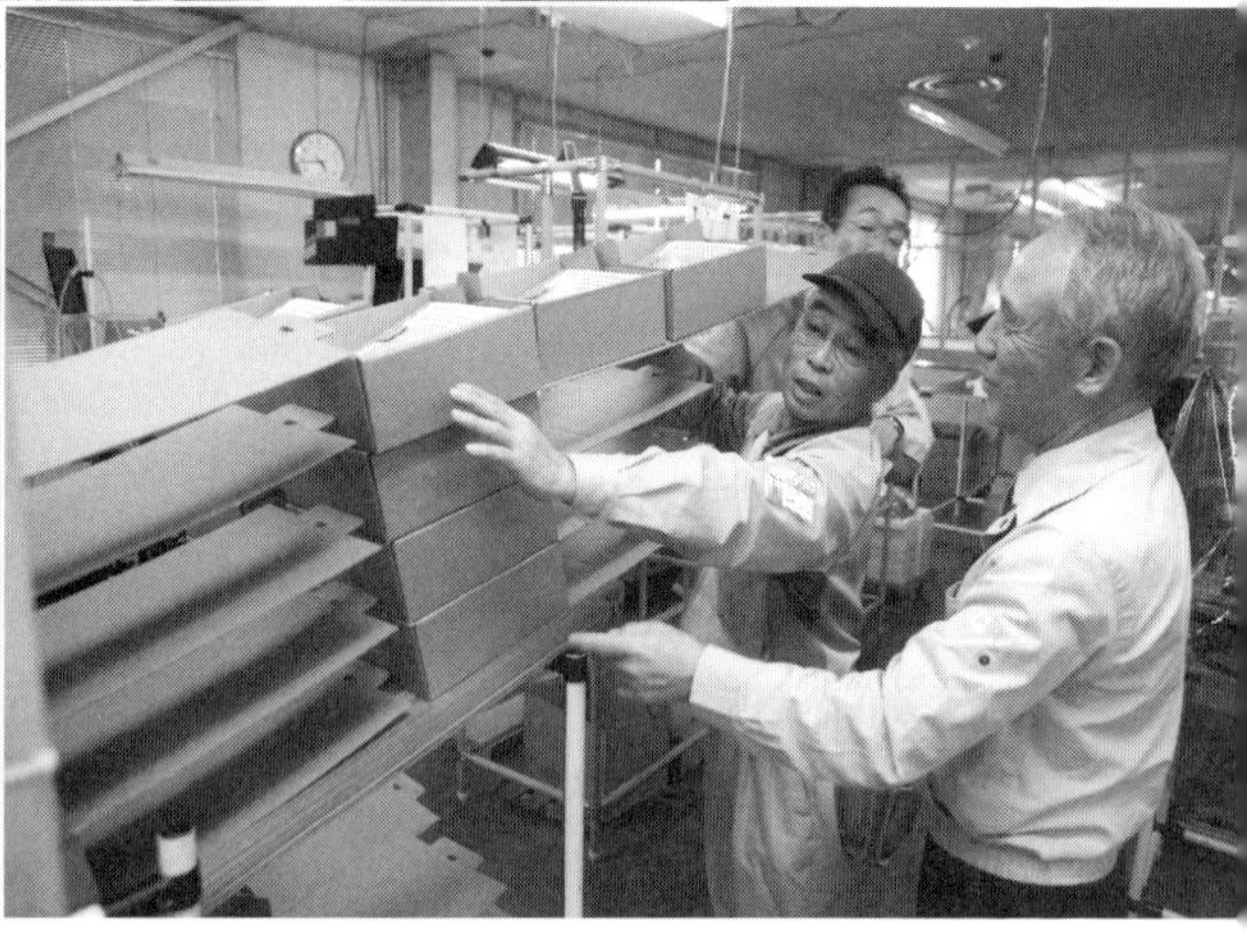

第4章
現場が教えてくれること

企業の目的は顧客満足を得て利益を上げること

改善とは、ムダをなくすことである。

ムダとは、自分が買ったモノが使われずに置かれている状態（停滞）や価値を生まない人間の動作、道具および機械による運搬であると定義した。このようにして改めて工場を見ると、実にムダなことが多い。

自動車工場では、ビスやナットの小さな部品を除いて、組立ラインで組み込まれる部品は約２０００点あると言われていた。この部品の経路を研究すると、工場の守衛室の前をトラックで運び込まれたモノが組立ラインまで何度も積み変えられながら到達し、組立ラインで完成車になるよう組み込まれ、ラインオフしてまた守衛室の前を通過する。

疑問に思ってT工場を調べてみると、一部品で約2・5km、2000もの部品を合計して5000kmの長さが工場内で運搬され、初めて自動車として完成すると知ったときには、大切に使いたいとの思いと同時に、自動車産業にはこれだけ多くのムダを抱えているのかと驚いたことを覚えている。

それは、「ムダとりは永遠」という自覚が芽生えた瞬間でもあった。

どこの工場に入っても、同じ工程はできるだけ同じところに集められ、工程ごとに組織が分けられていることが多い。ジャスト・イン・タイムを達成させるには、このことが大きな妨げとなっている。

工程は組織上では、課や係ごとに独立して必ず役職者がいる。各課には生産計画があり、計画と実績が比較されて毎日その達成に追われ、前工程や後工程がどうなっているか検討されることは少ない。たとえば、後工程が必要なときに前工程が生産を済ませていない場合に通常は大騒ぎとなるが、工程間に仕掛品と呼ぶ停滞の山があるせいで、ジャスト・イン・タイムを妨げてもあまり問題視されることはないのだ。このことが、かえってつくり過ぎやムダな仕掛品を多くしている原因でもある。

分業は、他の人や工程のことを考えることなく行われ、自職場の計画比のみで実績が集計され、連絡や調整は関接部門の重要な仕事として生産ラインとは一線を画した組織ができている。情報の流れや部品の流れを考えることなく、毎日の作業が分業を前提とした現場で行われている。部分最適を求めれば求めるほど全体がわからなくなり、利益管理ができない工場となって、コストセンターと称する原価のみを高める現場になっている。

私のムダとりはこうした工場の現状を否定し、今まで営業が最も必要とする一方で、営業から常に文句を言われる部門で誰も触ろうとしなかった工場の出荷部門に焦点を絞った。すなわち、工場の一番大切な情報として出荷管理の徹底から始め、工程間をこの情報で結び、情報の一元化と工程間の仕掛品の停滞をなくすことから始めたのだ。

工場の指令役を担う出荷管理板

大手電機メーカーS社の生産革新活動結果

活人 55,132名

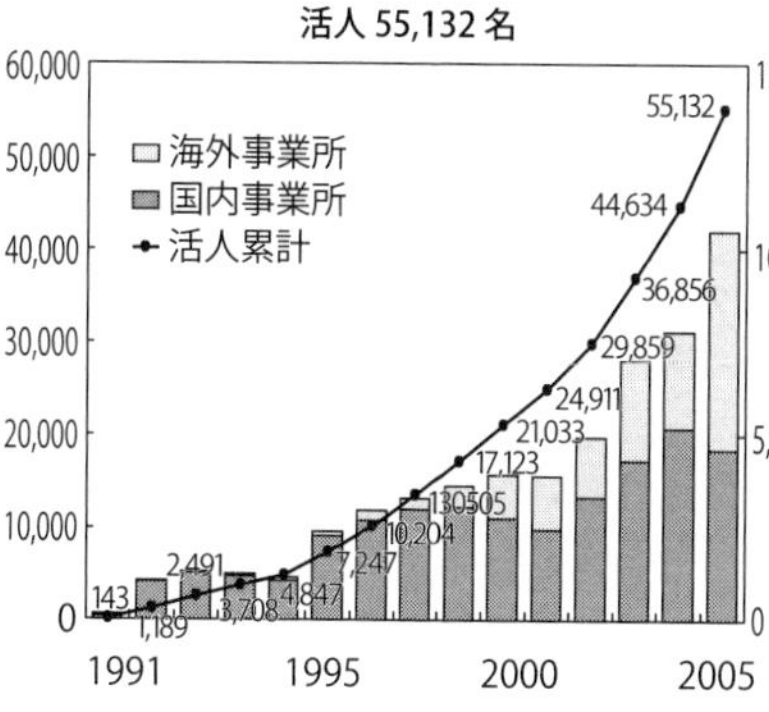

活スペース 998,208 m²

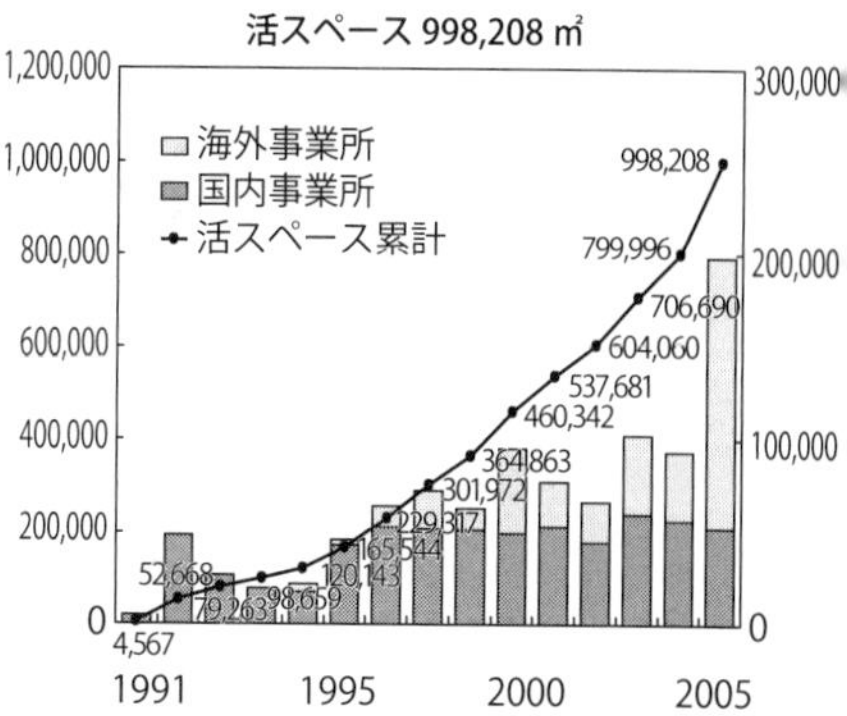

その結果、工程間における仕掛品の停滞がなくなり、大きな活スペースを実現。台車やポリケースが余り、キャッシュフローを変え、営業利益率を大きく向上することにつながる。

大手電機メーカーS社の改善に携ったとき、当時のM専務から「自動車のような大きなモノの場合、在庫を削ると効果も大きいが、ビデオカメラのような小さいモノだとそれほど効果はないと思っていたが、こんなに活スペース・活人を生み、効果が大きいことにビックリしている」と言われた。美濃加茂工場の生産革新がやがて全工場に拡がり、一人勝ちを実現したのはムダとりに一因があったのだと自負している。

情報の一元化と、分業による管理をなくした成果は大きかった。工程間をスルーに流す工夫が仕掛品の停滞によるムダをなくし、工程間の運搬のムダをなくし、人間の動作のムダをなくし、さらには間接要員を不要にして経営効果を上げ、売上を上げることなく営業利益率を向上させたからである。

現場とは現象が起こるところ

同じ現象はない
どう現象を見るかに工夫がある
標準作業に始まり、標準作業に終わる
トヨタ生産方式の言葉だが、標準作業動作を
標準作業通りにできる作業者はいない
心・技・体を同じように繰り返せる人は偉人だ

遠藤功氏は「現場を最後の砦」と称し、
大野先生は「現場はすべての吹きだまり」と言われた
現場をどうとらえるかに経営者の経営力がある

現場は原価を発生させるところ

私は、いつも現場に立ち、現場のムダを発見して、どうしたらとれるかを思い描いている。

「山田先生は、ムダを見るのが早いですね」とよく指摘されるのだが、それは大野先生の指導のおかげだ。大野先生が現場で省人するのを目の当たりにした衝撃が、その後の私の仕事感を一変させた。

私たちは毎日、「会社へ仕事をしに行く」と言って家を出る。私たちは給料をもらっている身であり、原価を高めている存在だと思うときがある。給料以上の仕事が今できているのかと思えば、一時一時が身の引き締まる思いがする。そのような時の過ごし方をしなければなるまい。そして、こんな思いが改善策を生むのである。

ソニーを初めて訪れた際、現場診断をしたビデオ分析の結果から160余りの指摘があったと報告を受けたことがあった。それを大きく分類すると、動作・運搬のムダと停滞のムダしかない。

ＰＥＣが指摘するムダに、現場に立ったとき人や機械の動作がもたらすムダ、フォークリフトや台車による運搬のムダ、材料が入荷してから製品となって出荷するまでの停滞のムダがある。工場内はこれらのムダで占められ、付加価値を生む作業に携わっているとは到底思えないところが大半だ。

そこで、これらの動作・運搬、停滞のムダをいかにとるかが重要になり、これらをゼロに近づける工夫と行動をムダとりと呼ぶことにした。現場は、動作・運搬・停滞のムダで成り立っている。ひとつでも多くのムダをとる努力をしよう。「忍術を使ったら材料が一瞬で製品になるような工場」のことを、大野先生は〝猿飛佐助の工場〟と称したが、それを忘れず、そうなりたい夢と行動を持ち続けよう。

現場を尊重する

現場力とは、現場で起こる現象を
経営に生かす力であり、
経営者から作業する人までお客様と向き合い
価値を評価してもらわねばならない

現場を尊重した偉大な経営者
松下幸之助氏、本田宗一郎氏、豊田英二氏らこそ、
戦後の日本のモノづくりを
確立した人と言える

現場を見るとは

現場をとらえる物差しがなくてはならない
どんな現象を見ようとしているか
◇サイクル・タイム（一定）
◇標準作業と現実の動作の差
◇継続力
　何時間同じ動作で耐えられるのか

自発的な作業

同じ人の動きでも
上司に言われてからする動きと
言われる前にする動きでは
結果に大きな差が出る

絶えず上司の気を読む心構えが必要だ

付加価値に変える

お客様が、感謝して
支払ってくれる価値

良い価値を
つけてもらうようにすることを
付加価値という

作業者の動きを見る

現場の作業者は、ラインが遅れないように必死で作業をしている。その動きをジーッと見る。1個の部品を前工程の作業者が置くところから、後工程の作業者に渡すまでの一連の動作をである。

5回ほど見て、どんな繰り返し動作になっているのかをつかむ。その動作にバラツキがあるようでは、作業にムラが生じる。なぜ、ばらついた動作になっているかを観察すると　訓練するときの監督者の指示が曖昧であることが多い。1回や2回教えて作業者任せにするのではなく、作業の目的や手順をしっかり教え、できるまで訓練し、できた内容を確認することが大切である。こうした作業者による動作のバラツキが不良品を生んだり、時間内に作業が終わらなかったりする原因になっている。

歩行する足の動きがばらついているようでは、モノの置き方に工夫が足りない。大きなケースからそのまま部品を取り出す際に、ケースの上方に部品が配されている場合と少量が底にたまっているのとでは、取り出し位置や姿勢が大きく変わってくる。場合によっては、歩行を完全に止めて取り出さなければならない。定点取りができるのか、X軸・Y軸・Z軸まで手を動かさなければならないかで、動作に大きな差ができるわけである。

作業者の動きを見ることによって、部品の配置やケースの大きさ、置き方までが問題となり、改善を進めることができる。

現場は改善の宝庫であると言われるが、毎日の動作をそのままにしておくことなく、少しでも作業者の手・足の動線を短くするよう、日々工夫することが大切である。

仕掛品をなくし、ムダを定義する

工場を見る際、ただ漠然と見ているだけでは何も問題点を見ることができない。私は、まず加工点を見て、次の加工点までにモノがどれほど停滞しているか関心を持って見ている。工場にあるムダは、働くという言葉に潜む人間の動作のムダと、加工点以外にあるモノのムダである。これを、自分の知恵を使ってどう取り除けるかが、工場の〝改善〟であると整理したのだ。

「トヨタ生産方式（大野耐一著）」では、製造現場でのムダは「原価のみを高める生産の諸要素」と定義し、7つのムダを挙げている。7つのムダとは、「つくり過ぎのムダ」「手待ちのムダ」「運搬のムダ」「加工そのもののムダ」「在庫のムダ」「動作のムダ」「不良のムダ」である。

私は自らの体験から、現場の人に真理を伝えるには、実際に現場の人の前で実践してみることと知っていた。たとえば、つくり過ぎのムダを現場の人に指摘しても抵抗されるのみで、現場ではどこまでがつくり過ぎなのかがわからないのである。そんな現場の人との葛藤の中から、目で見て説明ができるムダとして、私は次の3つを現場のムダと呼び、指導先に徹底することにした。

①加工点以外に置かれているモノを停滞のムダとする
②加工点間を移動させる運搬のムダ
③加工点間を移動させる動作のムダ

こうすれば、現場の人に明確に説明できる。同じ移動でも、人間の手と足を使って運ぶのは動作のムダ。またポリケースや台車、パレットなど道具や機械を使って運ぶのは運搬のムダとすると、製造現場にはこれ以外のムダはないはずである。不良をつくるムダなどは、自ら不良をつくろうとしてつくっている作業者は一人もいないし、不良ができてしまって平気な人もいない。ムダをこのように定義して、現場の人を納得させることができたのは大きい。

前を向く

私の一日は朝に始まる。

目が覚めて、今日は何をやるのかなと思いを巡らせる。改善を生業としている身にとって、いつも現場を思い起こすのである。現場は現象が起こるところであり、人の意志が入っている。決して無造作に機械が並び、材料が置かれているわけではない。しかし、実際に現場に立ち、意志が入っていると思って現場を見ている人は、いったいどれほどいるのだろうか。

作業をするために現場に立つ人、また現場の状況をつかむために入る管理・監督者も、何を目的に現場を見るのかである。私の現場観は、材料投入から製品完成までをいかに早くできるか。そのために、現状把握とやるべき目標をはっきり定めて歩くことである。

企業競争においては品質やコストともに、お客様の要求にいかにタイミング良く製品やサービスを提供できるかが大切である。

「お客様なくして仕事なし」は、私がいつも口にする言葉だが、大量生産と分業のおかげでこの意識よりも生産計画に従った作業に振り回されている現場がいかに多いことか。お客様をイメージできない作業で、ムダに時間を過ごす人が多い現場をよく見かける。

「前を向け」と言っても、仕方なく作業する現場になっていないか。すなわち、「顧客の要望に応える」という仕事が、管理者や監督者の方を向く作業になっていないかということである。

お客様の期待に応えることこそ、前向きになれるものである。

A社
M社
追加

15

正しく早く美しく

第5章
トヨタ生産方式を取り入れる

省人化への挑戦

トヨタ生産方式が、産業界から注目されるようになったのはオイルショックがきっかけだ。１９７８年にダイヤモンド社から大野先生の「トヨタ生産方式」が出版され、日本中でかんばん方式が話題となり定着することになる。

私は、それ以前に岐阜県生産性本部（現在は解散）の研修担当職員として、第一線監督者の教育を担っていた。県の援助を受けて「監督者１００時間コース」を企画し、毎年、岐阜県職長大会を開催していた。その特別講師として、中部生産性本部の紹介により大野先生をお招きし、講演していただいた。

当時の日本はまだ高度成長時代であり、集団就職列車が話題になるなど岐阜県生産性本部の事業の中心は「求人対策」「定着対策」だった。そんなときにお招きした大野先生から、「現場の人手不足は人の使い方が下手で、ムダに使っているから起きている。改善すれば人を省くことができ、これを省人化と呼んでいる」と聞かされた。その言葉が私の耳から離れず、講演を終えた先生を引き留めて、「本当に作業員が余るのですか？」と尋ねたのが、大野先生との初めての会話となった。

「うん、現場を改善すればナ」

言葉少なに言われた師の答えが、妙に頭に残った。

それから数カ月してトヨタ本社へ師を訪ね、「自主研」と呼ばれる改善実践の見学を許された。それは、関連会社で行われた数時間での出来事だった。二十数人で構成されるラインで、トヨタに納品する自動車用シートを縫製するラインから仕掛品をなくし、工程間を近接させることで数人を省人化し、同じタクトで生産できるようにするのを実際に目の当たりにしたのである。

人は省ける——。帰宅してその夜は眠ることができなかった。これが一生の私のテーマになろうとは、当時思いもしなかった。今日、75歳を過ぎてもなお、仲間とともに現場へ入り「ムダとり」を続けている。

ジャスト・イン・タイムの追究

ジャスト・イン・タイムとは、トヨタ自動車の創業者である豊田喜一郎氏の言葉であり、トヨタ生産方式の大きな柱である。第2次世界大戦後、豊田喜一郎氏は、つくり過ぎによる経営の悪化と労働争議の責任をとって社長を退任するが、当時の現場は活気がみなぎっていたと後に大野先生は語っている。

大野先生が機械工場の主任を務めていた時代に、施盤工が手待ちしている姿が目についたそうだ。そこで手待ちの時間を利用し、もう1台の機械をもたせることを試みた。実際にやらせてみると2台持ちはすぐにでき、人の生産性が2倍になることを実感した。続けて3台持ち、4台持ちに挑戦したのだが、4台持ちをさせたところさすがに作業者が怒り出した。この抵抗への対処こそが、トヨタ生産方式の始まりだったと言われている。豊田喜一郎氏から学んだこととして、次のように語られている。

一、ジャスト・イン・タイムを実現した企業は今まで世界にない
一、そのためには現場を実験室と考え、日夜、現場で工夫する
一、1人の力ではなく、部下のすべてにその実験を体得させる
一、部下を、実験を通じて日々新たに挑戦させ続け、興奮に駆り立てる
一、自分自身も絶えず現場から学び、現場を活性化させる

これこそ現場で仕事をする姿勢である。目的を持ち、作業を通して日夜、工夫する。やりがいをつかむ。それから半世紀を過ぎた今日でも、ジャスト・イン・タイムを実現した企業は世界中でほとんどない。できそうで、できない。工夫と実験の毎日こそ仕事のおもしろさであり、人生そのものである。

多くの人がトヨタの強さを学ぼうとした（「工場管理」1991年5月号から）

トヨタの現場

トヨタの工場を見た
同じ動作の繰り返しを
同じ速さで
毎日、５００回も繰り返す
人間も、金の力であれほどまでに
しつけられてしまうのかな

トヨタ生産方式で学んだ人間のムダ

「人生にムダはない」という高僧の言葉がある。その一方で「ムダをしちゃった…」「時間をムダにした…」と、モノと時間を無意味に使い、その反省の証として、私たちは日常的に「ムダ」という言葉を使っている。しかし、毎日同じような動作を繰り返す仕事について、私たちは反省することが少ないようだ。

アメリカで発達した経営学と、それによって発展した標準作業およびマニュアル化、そして指示された通りに作業を続ければ、それが仕事であるという思いが　働く作業方法に工夫を加え、能率を上げようとする意識をなくさせた。マニュアル通りの動作を繰り返すことこそ、仕事だと教え続けてきたからである。

製造現場教育の基本であるＩＥやＱＣという管理手法が、まさに人間の動作を分析し、標準作業をつくり、標準作業を守ることが品質や能率の向上に最も効果があると教えてきたのである。現場の人が自らカイゼンするということは、まったく考えられない時代だった。

その現場にトヨタ自動車の人が来て、大野先生の指示により作業時間内に生産ラインを止め、ラインを直し始めた。一人ひとりの作業者に指示し、数時間でラインを変えて人の動作のムダをとり、省人化を進めるといって数人を省き、同じタクトで生産できるようにする「改善の実践」を、この目で見てしまったのである。人の動作のムダをとり、人手不足の時代に少ない人数で同じように生産ができるようにすることこそ、私がトヨタ生産方式にのめり込んだ理由でもあった。

現場の作業にはムダがあり、ムダを含んだ動作をしていないかどうかという思いが、毎日現場に足を運ばせ、

現場を見る

人の動作を見る

どこに、ムダが潜んでいるかを見抜くことを徹底してきた。

付加価値を生むのは、どんなときか。当時、トヨタ自動車生産調査室主査の鈴村喜久男氏に聞くと「そんなもんは、プレス機で言えば『ドン』と音がしたときであり、熔接なら『ジー』と聞こえるときで、耳でわかる」と答えられたことを今でも鮮明に思い出す。

付加価値を生む加工点を見つめ、加工点がどうなることが付加価値なのかを見抜く。それ以外を、すべてムダとして対策する。改善とは、その知恵比べである。そのために人の動作を見て、機械の動きを研究する。この毎日の中から、機械に必要な機能とは何かを研究することとなり、「からくり設備」と称する装置への工夫と、ＰＥＣからくり研究会設置による異業種交流研究会を通じて種々の設備開発が実現したのである。

もっとモノづくりを効率的に

大野先生に学んだことが、以後、私の人生を大きく変えたのはすでに述べた通りである。

資本主義社会の中で、経済が高度成長するにはいったい何が必要か。学者諸氏は経済政策の必要性を叫ぶのであろうが、生産現場の改善を研究し続けてきた一人として考えると、「物欲のために、自分の人生を惜しみなく使う人間を多くつくること」のように思える。

第2次世界大戦後、それ以前の先進国であったアメリカ・イギリス・ドイツ・フランス・イタリアのうち、戦争の被害を受けず製造設備を維持できた国はアメリカ合衆国である。こうして工業製品をいち早くつくり、世界中に供給して、世界の金を一人占めする豊かな国を築き上げた。戦争ですべての富を失い、敗戦国のレッテルを貼られた日本国民は、ハングリー精神しか持ち合わせていなかったのだ。

ハングリー精神とは、物欲や自尊心のために自分の時間を惜しみなく使える人の気質で、苦しさにも耐えられる精神状態を言う。自分を反省し、与えられた時間を効率的に変える改善ができる。これがトヨタの精神であろう。

大野先生も、改善とは「自分の行為を効率的に変えること」と言われていたが、トヨタの改善活動を研究し続けた私は、「自分に与えられた作業を、いかに早く、楽に効率的に行うようにするかの知恵と行動を引き出す工夫競争」と定義している。

人間は誰しも、他人より豊かでありたい。人に尊敬されたい。そのように思う気持ちが競争心で、これを失った者は人間社会の敗者でしかあり得ない。

〝しあわせはいつもじぶんのこころがきめる〟

書家の相田みつを氏の言葉であるが、自分一人が幸せを感じても、国や他人の援助のみで生きるのは人間の行為ではあるまい。

モノづくりに必要なのは、豊かになりたいという人々の期待に応えることで、その中心にいたいと思う人間の競争心でもある。

トヨタ生産方式のジャスト・イン・タイムの思想とは、顧客の要望にいち早く応えるための人間活動の工夫でもある。それを現場にどのように落とし込み、生産の効率を上げ、原価低減に結びつけるかでもある。

標準作業に人間の行動を縛りつけて、現場で8時間を過ごさせるアメリカ経営学から、作業の中のムダを見つけ、標準作業をより効率化させる知恵比べを私は改善活動と呼んでいる。

改善活動を通じて、現場の人の目に輝きが戻る姿こそ組織の活性化であり、企業に最も必要なことであろう。

製品をつくり上げる能力

19世紀から20世紀にかけて、わが国は農業中心の社会から工業中心の社会に大きく変貌を遂げた。農家の子女を集めて、工業の担い手とすることが多かった。早く作業を覚えさせるには、単純な動作を繰り返させることである。機械化についても、人が繰り返し行う動作をどのように機械に置き換え、人手を省けるかについて考えた。その結果として、単純作業をする機械が次々と生れるようになっていく。

こうして工程と工程の間には仕掛品がたまり、また工程と工程で業者も異なり、その間を取引する商人まで生まれ、各工程間の取引に相場が立つようにさえなってしまったのである。

一着の服をつくり上げるのに、材料から製品になる期間（生産のリードタイム）は半年から1年以上を要するようになり、季節が変わるごとに初物〜

大量に出回るもの〜残り物によって価格も変動するようになった。値引きした残り物でも、なお売れ残ったものは廃棄される時代で、大量生産・大量消費こそ豊かさの象徴という時代をつくり上げたのである。このムダに気づき、お客様に必要なときに、必要なモノを届けるシステム、いわゆるジャスト・イン・タイムを実現しようとしたのがトヨタだ。

アメリカのスーパーマーケットにヒントを得て、お客様である後工程が、必要なモノを必要なだけ取りに行くシステムであり、引き取られた分だけ生産しておいてくださいというシステムだ。この情報システムとして「かんばん方式」が開発され、必要なモノを必要なだけつくるシステムが構築されたのである。

後工程の引き取りをできるだけ同期化すべく、少ロット引き取り、小ロット生産への工夫がなされた。そして、単純工から多工程を担当できる作業者を養成し、ついには最初から製品をつくり上げる一人屋台生産方式を完成させた。それにも増して、一人屋台の方が多工程を分業で作業するよりも、能率・生産性・品質を向上することが実証できたのである。

人は、生まれてから立てば這え、這えば歩めの親心とともに、決して分業で止めおくことではなく、絶えず人間として高度に成長させることで人間性が豊かになる。これにより他人のことにも気配りでき、相互に助け合う、成長し続ける人間社会ができる。

地球に生きるとは、人間としてどうすべきかを真摯に考えることである。そして、そのためには一人ひとりが何をすべきか自覚し、誰の満足を勝ちとる仕事であるかを理解し、その働きに近づいていくことである。

分業、一人屋台、セル生産

製造業で「働く」とは、会社でつくった製品を
いくらで買っていただけるかを調べ、つくり、
お客様からお金をいただくまでの
一連の動作で成り立っている
分業とは、それらの動作を分析し、
その過程を分けて作業者に与え
同じ動作を何回も一日に繰り返しさせること
一人屋台は、その全工程を一人で行うこと
セル生産とは、その間でできるだけ多くの工程を
持たせようとしている状態を言う

トヨタを築いた人

豊田英二氏が今日の繁栄をつくったように思える
つくり過ぎにより、会社の倒産の危機を知り
「創意とくふう」という言葉を生み、
社員の行動を結集することに成功した
表に出ないオーナーだった

もう一人の中興の祖、石田退三氏
当たり前のことを当たり前に平々凡々とやりなはれ
やらねばならぬことを、とことんやりなはれ
……やり抜くまで続けることを教えられた

トヨタ生産方式は永遠である

トヨタ生産方式の創始者
大野耐一先生が記したものは唯一の本
「トヨタ生産方式」

この本を、どれだけ読んでも
トヨタ生産方式はできないところに
私の人生がある

NBK
竹内
後藤
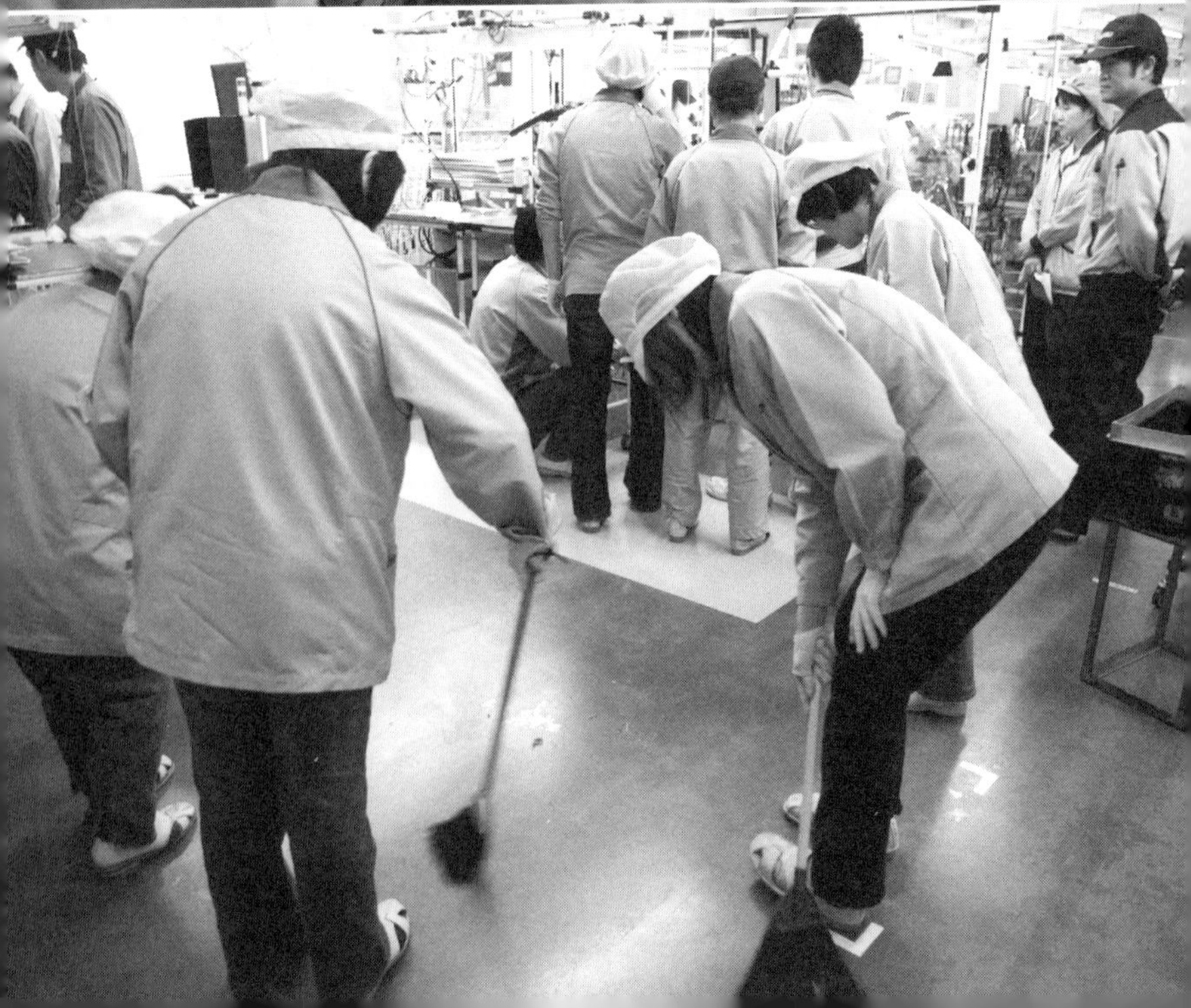

第6章

前に進むために忍ぶ

努力が必要な訳

徳を積めば積むほど
楽しくなる

徳を積むって、何することや

努力するとは
徳を積む手段の第一歩だ
どんな努力をしたいか

本当の徳

沈黙は金
陰徳を積む
心豊かな人になれる

教育より大切なこと

徳は、
神様がつくったものを大切にし、
精一杯愛すること

愛するとは
自分のすべてを捧げること

人生と徳の関係

人生とは、
徳をつかむために生かされていること
徳をつかむために〝行・忍〟が必要だ

苦しむほど徳がつき
極楽へ行き、
できなかった人は、地獄に落ちる
と、日本昔ばなしは伝えている

社会への参画と学び

人間が成長するために必要なことは何か。生れたときは赤ん坊で、母親の手助けと愛のおかげで日々成長する。このときの母親の姿勢が、子供の情操教育にどのような影響を与え、子供の意志を形づくるのにどんな効果を生むか。そのような調査結果にはまだ触れたことがないのだが、「三つ子の魂百まで」という諺があるように、意志と情操がつくられる3歳までの教育がもっと必要なのだろう。

自分の一生について考えるとき、何をして社会の役に立ち、お客様から感謝されて対価をいただき、生活を維持していくかは重要な選択だ。その判断のためにも、学びを疎かにするわけにはいかない。

学ぶとは、スポーツのように結果に一喜一憂しながらも、互いが互いを認め合い、尊敬し合える社会ができ上がることを願って行うものである。それを〝教育〟と考えたい。

幼稚園から学校、大学まで、さらには親になるための父親・母親教育も含めて、その存在意義をハッキリさせ、一人ひとりが個性を生かして社会に巣立っていくまでに、どのような多様なプログラムが必要だろうか。

21世紀の教育に必要なことは、個性を持って生き、その個性と個有の技術が互いに納得でき尊敬されながら、自分の意志で時を過ごせる社会をつくることであろう。人間と人間の戦争があり、能力差を認め合いながら、互いを尊敬して日々を送れる社会と人をつくるのだ。

この間、人類の歴史は文化の創造と戦争に明け暮れてきたように思う。今こそ教育の原点を問い直さねば。

教養を積む

人生、教養が大切だ
学校教育は、読み、書き
ソロバンから多岐にわたり、長年をかけ
やっと最高学府である大学を卒業しても、
思う職に就けることは少ない

就職には、すぐ企業の戦力となれる
モラール、センス、ユーモアを持って、
良い人間関係をつくれることが大切だ

大人の教育

教えることは学ぶこと
命令すれば嫌がる
おだてれば図に乗る
仕事ができるようにするのは
大変だ

勉強してたどり着くところ

禅の世界（日本の宗教文化のひとつ）では
これを、六波羅密を行うこと
としているようだ

それは
◇布施（ふせ）
貧しいと思える人に施すことで援助する
◇持戒（じかい）
人間のルールで決められ、
してはいけないことをしない

◇忍辱（にんにく）
　辛抱、こらえ、がまんする
◇精神（しょうじん）
　務め、励む
◇禅定（ぜんじょう）
　心の迷いをしずめる
ことを言う

これを続けると
〝知恵〟〝ひらめき〟が
出るようになる

義務教育で教えて欲しいこと

何をしていたら楽しいかを自覚できる
それで、お金を稼ぐことができる
そのお金で
愛する人を発見でき
子孫に恵まれ
楽しい仲間と
一日を暮らす方法

大人になってよかったナ、と思って
日々を送れる頭と体をつくり上げること

知るとは

知らなければならないこと
知らなくてもよいこと
知らない方がよいこと

教養が大切といっても、
多くを知ると
不幸になることもある

訓練

思うことと、できることは違う
思ったことを
できるようにすることを
訓練という

訓練は苦しいナ

民主主義

人間は平等、と言うけれど
顔や形は違っているし、
性格や能力は人それぞれ
夢や欲も、また然り

民主主義って正しいのかな

人間を分類すると

神民＝（人を中心に地球上のものを
大切にして、尊敬されている人）

平民＝（他人の指示、命令に従って動き
生活の糧を得て生きている人）

貧民＝（他人の指示、命令がキライで
自分勝手にしか動けなく、
やっと生活を保っている人）

改めて人間を問う

人間を体力で差別するのがオリンピック
働きを金で差別するのが資本主義
権力で差別するのが共産主義

人間って、平等でありたいときも
差別してほしいときもある

困ったもんだ

最後に儲かる人

資本主義は
お金を持った人が尊敬され
共産主義は
権力を持った人が尊敬される

尊敬されないようでは、
儲けることはできない

成功の秘訣

人間には欲がある。

この欲があるからこそ、生きていられるように思う。「どうせ死ぬのに、なぜ生きる」という本を読んだが、その答えは、今の自分にはわからない。

欲の本質が、他人よりも勝ちたい何かを身につけることだと、先進国の住人ならば誰でもわかっていることだろう。そこに競争が始まる。「幼稚園はどこ？」から始まる学歴競争、入社試験から始まる出世競争など、他人様よりも上にいたい何かを求めて人間は蠢く。そこに社会があり、組織がある。

南の島で一人暮らしというわけにはいかない自分があり、人間がいる。

そこから人間関係の大切さがわかるが、その対応に日々悩むことになる。

それを解決すべく、経営学の中で人間関係論が取り上げられているが、そんな学説が日常に生かされているとは言い難い。

人は会ったときの第一印象を皮切りに、人の選別を始める。そして、近づく人か遠ざかる人かが、それぞれの判断によって決まる。人を呼び、仲間を増やし、その中でリーダーとなるために何が必要かを問われながら、それを身につけ得る人は意外と少ない。

どのような勉強がそうした人材をつくるのに必要か、についての研究も進んでいないようだ。それほど人間関係論は、一筋縄ではいきそうもない。しかし、大政治家も大実業家も歴史の中には数多く存在する。

彼らをつくったものは天性か、努力か、環境だろうか。統計学からは標準をつくることができるかもしれないが、そのような人材を教育でつくれるとは思えない。そこに、大人の教育の難しさがある。

今、振り返ってみて、よくぞＰＥＣを40年近く続けてこられたと思わずにはいられない。

民衆

民衆を幸せにする者は
民衆でしかない

一人ひとりが目的を持って
日々を苦しく、悲しく
嬉しく、楽しく
過ごす日々でありたい
そのためにこそ、平和が必要だ

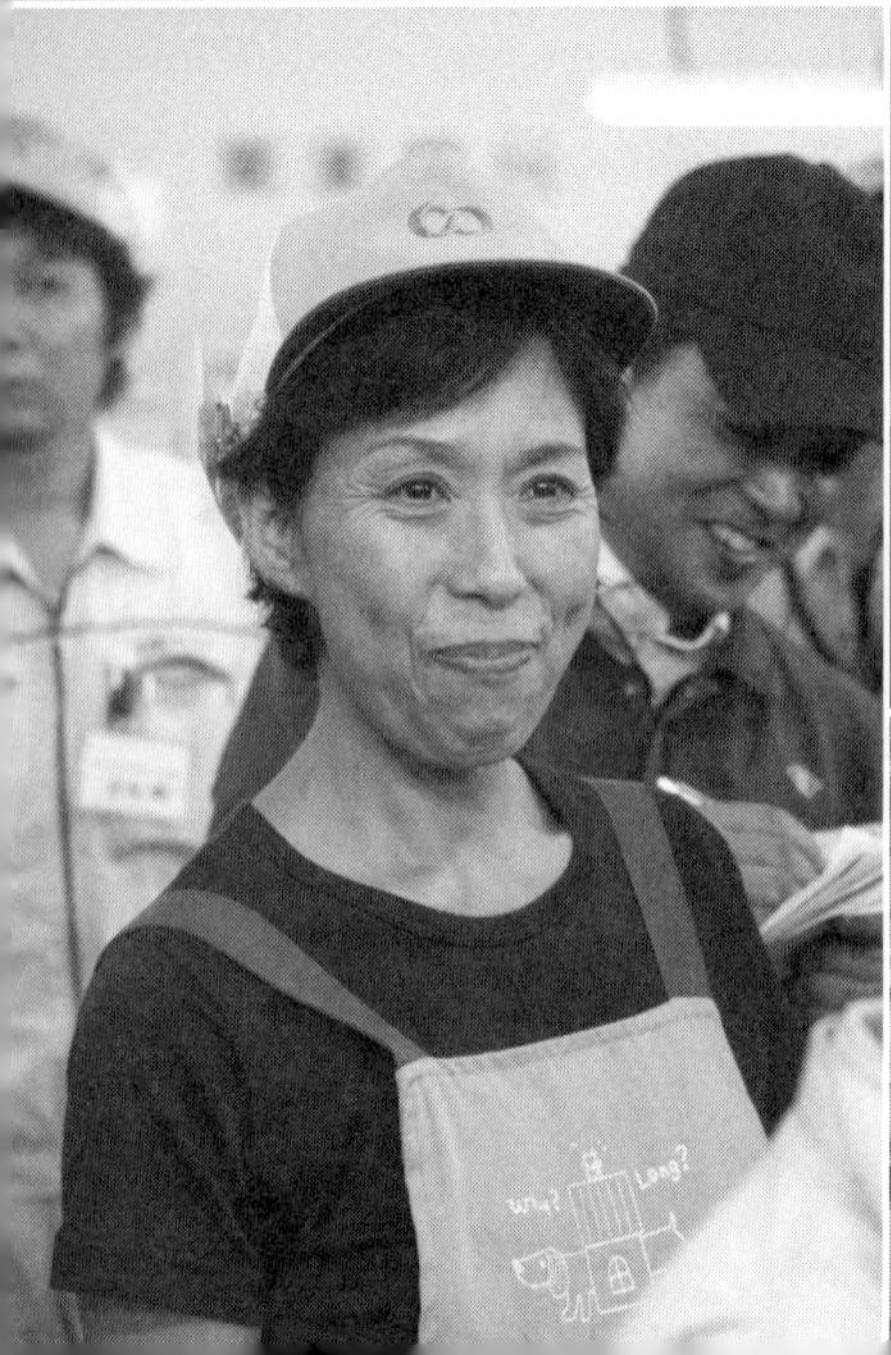
Why?
Long?

第7章

改善する人の成り立ち

円と和

日本人が使うお金〝円〟
日本人が心して行動する〝和の精神〟

日本の「和の心」をつくった人

仁徳天皇
聖徳太子
上杉鷹山
二宮尊徳
良寛さん

みんな市民の
幸せを願って生きた人

新しい日本

働くことを好きになる人が多くなる
活力のある人が多くなる

質素倹約をする人が多くなる
和の心を持った人が多くなる
平和を願う人が多くなる
戦を避けたいと思う人が多くなる

ふるさとを大切にする人が多くなる
お伊勢参り（旅行）を

少し楽しむ人が多くなる
こんな人が多くなる日本には、
どんな教育が必要なんだろう

尊敬される人

教養のある人、
一芸に秀でた人、
人を許すことができる人
だから大衆から尊敬される

ケンカと戦争

許し合えないとケンカになる
話し合えないと戦争になる

大のつくのは悪いこと

大国と言われるアメリカ、ソ連、中国が
欲を出すと戦争になる

局地戦で自分の領土を拡大しよう
としているのがソ連、中国の独裁主義国家

ドル紙幣をうまく運用して、
自国の発展をさせようとするアメリカ

モノ余り時代に

同じようなモノをつくって、
世界中にバラまこうとする大企業
世界の人々を同じ価値感に
しようとする大マスコミ

これでは、世界の人々は
同じ価値感で同じ服を着て、
同じようなモノを食べ、
同じ温度と湿度の中で生きることになる

わが人生の確信

お釈迦様の言葉に「生老病死」がある。これは、人間として避けることができない四苦を抱えていることを表している。しかし、私はこの世に生を受けて75年間、ずっと〝生〟のみを考えて生きてきた。

生きるとは、どうすることか。まず、基本の衣・食・住を確保すること。そして、身を立て、名を上げるために何をなすべきか。学校を卒業してからは、そのための仕事があると信じ、30歳で学んだ〝カイゼン〟の研究に励んできた。

大野耐一先生からは、〝改善〟とは自分の行動を正して、社会の役に立つことと教えられ、社会の役に立つとは何をすることかを問い続けてきた。また改善とは、ムダを少なくすることと考え、人生の時を過ごす人間の動きのムダと、人間が買ったモノをどう有効に使い切るかを追究した。そこで私は、動作のムダと停滞のムダを具体的に上げ、この二大ムダを身のまわりからとることを通じて、より充実した社会生活が送れ、企業が存続する条件のひとつである原価低減に結びつくと実践してきたのである。

もうひとつは、いつも自分の能力のなさを反省することを忘れないことである。母から「人という字は、一人では生きていけないことを示すように、支え合ってできている」と教えられたことで、たとえ自分の手柄であっても「他人様のおかげ」と公衆の面前では言うようにしてきた。

この2つの徹底が、改善を通じて、いろいろな会社でいろいろな仲間ができたことにつながった。そして、彼らに借りることのない人生を心掛けてきた。それがお天道様に伝わり、日々を送れているのだと感じる。とても幸せな人生である。

病気は気から

来迎寺のお尚さんは、気の力でガンなどいろいろな病気を治す人である。「ちょっと行ってみませんか?」と誘ってくれたのは、和菓子製造で名を馳せた叶匠寿庵前社長の芝田清邦氏（故人）である。それから10年にわたって、何度も足を運ぶことになる。そして、健康のためには気が必要であることを実感している日々である。

「病気は気から」と言われながら、西洋医学は「気」の研究をまったく怠り、人間の体を科学し続けてきた。その結果が現代、先進国と呼ばれる国々で、病人をあふれさせる結果を招いたのだろう。

以前よりも少しだけ寿命が長くなった人間だが、その人間が自ら徐々に住みづらい地球にしていることも忘れてはいけない。

生かされている

他人の愛で育ち
他人のために生き
他人に迷惑をかけて死んでゆく

愛と憎

愛と憎は、反対語ではない
人間のひとつの心の表、裏である

竹に節あり

人生80年、どんな節が必要なのか

お母さんに
世話にならねばならないとき
先人、先生に
世話にならなければならないとき
ライバルがいなければならないとき
良き友がいなければならないとき
良き伴侶がいなければならないとき
自分一人の方がよいとき

間の取り方

祇園へ行く。

少し時間があったので街を散策した。四条通りは月曜日でも人であふれている。円安のせいか外国人の姿も目立つ。

叶匠寿庵の社長につれられて裏道へ入ると、いろいろな専門店が特徴のある店構えをして、客を招いている。中へ入ると、陳列された品々はどれも案配良くあしらわれていて、自分のような田舎もんでも思わず手が出てしまう。

これは女房に、これは事務所の女性たちに……と思いながら。

人と人――。

そう考えてみると、自分は仕事に関してしか仲間がいない。貧乏人で育ったからか、役に立つ人には人一倍尽くすよう自然に行動できるほど、気配りと行いを続けてきたのが今日の自分をつくってきた。年中休む間もなく仕事と金に、時間と心を割いてきたようだ。

そして今、気づく。

間を忘れていた。

もっと市民……と言っては言い過ぎかもしれないが、羽島の里にも岐阜や名古屋でも、そっと一人で佇むことができる場所をこしらえておくべきだった、と今頃になって反省している自分がいる。

一人になると、行くところがない。接待で使う以外に、一人でぶらっと行ける店もない。そして、自分を待ってくれる人もいない。今、時間をとろうと思うとできるのだが、楽しく時間を過ごす仲間がいない。

間のなかった自分へ天罰が下りたようだ。

生きる幸せ

このところすっかり老人の考え方になってしまったのだろうか。人間の本質的な部分に疑問を呈すようになってきた。

ひとつには、先が見えて、何をやっても中途半端で終わるのではないかということ。もうひとつは、喜んでくれる人がいなくなったということだろう。

仕事とは、他人様に喜んでいただき、多くのお金を儲けることと信じて、それが人を幸せにし、自分も幸せになれると必死に生きてきた。確かに、大野耐一先生から学んだ改善を自分なりに工夫し、現場の人と現場を実験室と考えて行動したことが、結果として現場の効率を高め、企業の業績を上げて感謝されることにつながった。

しかし、幸せ感を味わうことができない自分がいる。

家庭も平和で、日常生活に何ひとつ困ることはないのだが、何か隙間風が吹いている。子供はもう10年も、親を信用できぬと言って出て行ったままだ。孫にも何か楽しさがない。

自分の居場所がなくなっていることを感じる日々だ。夢や心が通じ合う、一緒にいるだけで楽しいと思える人もいない。もっとも「そんな人がいるものか！」と言われそうだが、人生を一途に仕事してきた自分の生き方は、他人とともに日々を工夫し、ムダをなくすことが人生を豊かにすると信じてひたすら走ってきた。

豊かさを勝ち取った今、ポッカリと開いたのが、心の空洞である。

何をやっても、燃えるようなときめきがない。生きているという力強さが失われているようだ。

年のせいか？　死を感ずるせいか？

人間は地球より重い

命は地球より重いと言われる
そんな重いものを、
お母さんは生んだのかナ

強い人になりたい

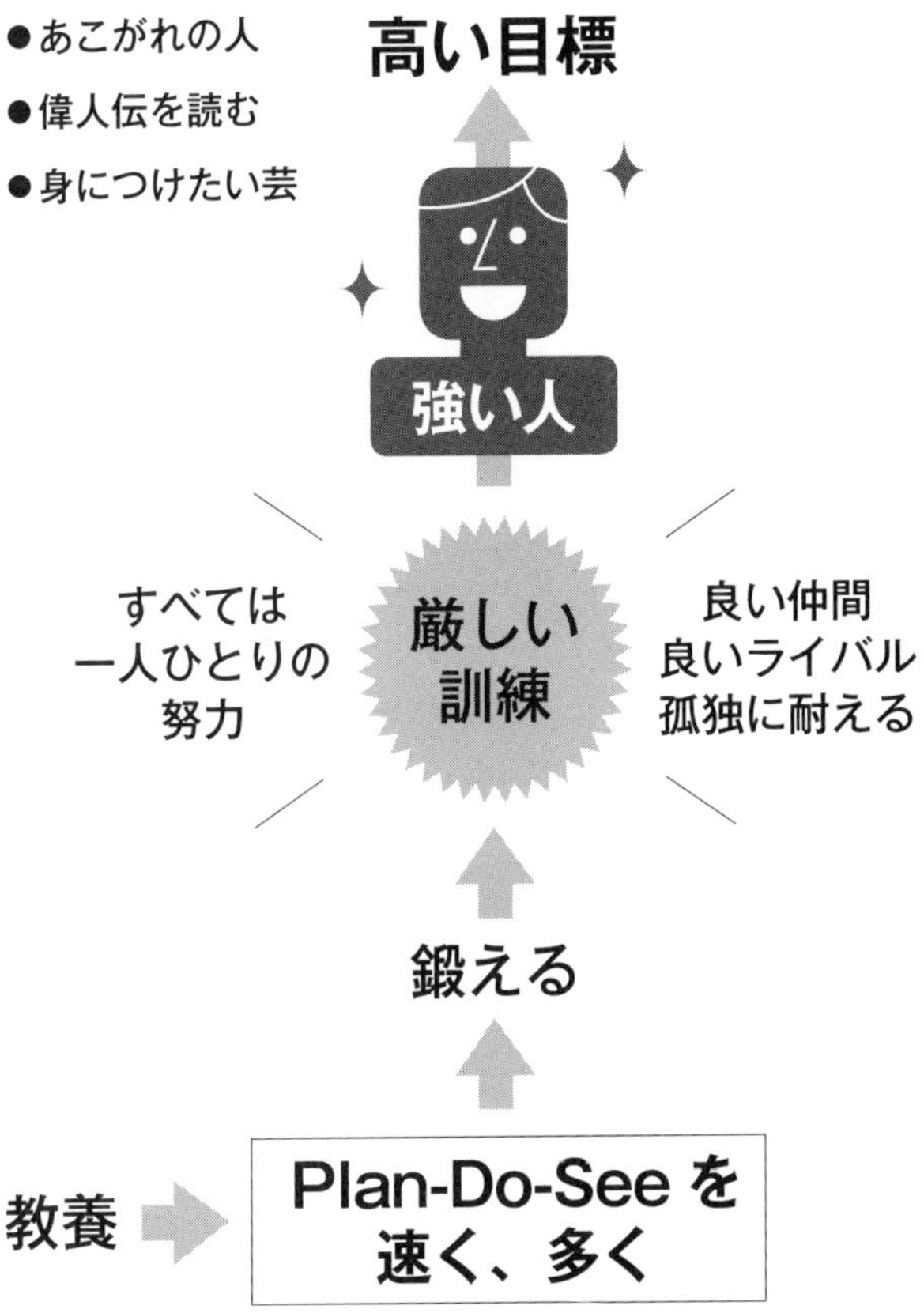
●あこがれの人
●偉人伝を読む
●身につけたい芸
高い目標
強い人
すべては
一人ひとりの
努力
厳しい
訓練
良い仲間
良いライバル
孤独に耐える
鍛える
教養
Plan-Do-See を
速く、多く

仕事って、何することや？

人生って、いつから
いつまでを言うのだろう

人間＝自分が、自分と言えるのは
何時から何時までだろう

他人様のお役に立てているときかな

おわりに

ムダとは、人間が一度は良いと思ってしたことを、何かの機会に反省して「しまった！」と気づき、以後そのようなことのないようにしようと思うときに発する言葉ではないかと考えている。

大野耐一先生から学んだ「徹底的なムダの廃除」が、私の人生を大きく変え、現場に毎日足を運ぶ原動力となった。

「働く限り儲けたい」と思うのは人間、誰しも同じであろう。そして、一日を働く時間に使うのは、人間ならそれほど差がないはずである。しかし、働く時間に潜むムダの差が、人生を決するほどの大きな問題になると気がついている人は、意外と少ないのではないだろうか。

毎日、同じように繰り返す動作を、同じようにしているのが人間である。

この生活の中から何をムダと反省し、明日に生かすことができるのか。また、同じように過ごしてしまうのかが、年を経るごとに大きな差となり、人間の大きさを決めると気づいたことで、毎日を現場のムダとりで生かされてきた人生を本当に幸せだったと思えるこの頃である。

初めてとったムダは、ミシンを踏む女子作業員の手元にある布切れを1つ直すことによってできた、4人の作業を3人の作業に変える改善だった。そんな私の改善が、やがてソニーやキヤノンの生産革新に象徴されるように、製造業に大きな影響を与えることになっていった。

とりわけ、キヤノンの生産革新活動で7万8000人の活人を生んだことを活動10周年の報告で聞いたときは、わが耳を疑うほどであった。ムダとりが、企業経営にどれほど良い結果を生むかが実感できた時代でもあった。

世の中の経営者は今も、売上を少しでも上げる企業競争に血眼になっている。地球上を自社製品で埋め尽くさんばかりに、企業の拡大競争が続いている。モノ不足の時代は遠くに過ぎ、絶えず新しい品物に追いかけられてそれを買うために必死な姿は、あちこちの特売コーナーに群がる人の姿を見れば一目瞭然である。戦後の物資不足時代と異なり、食べるものも着るものも半分は捨ててしまっている日本人の日々を見ると、貧しさとは自分の心の欲望に取り憑かれた人を言うのではないかと感じる。

私の学んだ「改善魂」は、私たちの日々に潜む働くムダ、生活のムダに気づき、身の丈に合った生活を取り戻し、心豊かに生きるための「魂の叫び」と言ってもいいだろう。この本の中からムダに気づき、自分の生活を、生き方を取り戻す人が一人でも多くなることを願ってやまない。

最後に、ご協力をいただいた日刊工業新聞社の矢島俊克氏に感謝。合掌

2016年12月

著者

山田　日登志（やまだ　ひとし）

南山大学文学部卒、中部経済新聞社、岐阜県生産性本部を経て、1978年に（株）PEC（PEC産業教育センター）を設立。現在、PEC協会会長。トヨタ生産方式の創始者である大野耐一氏の知遇を得て、独特な現場教育を開発。トステム、ソニー、NEC、キヤノンなど大企業の製造現場へも導入を果たし、そのほか中小企業の経営改革でも大きな成果を上げる。㈶日本生産性本部「トヨタ生産方式研究講座」、名古屋工業大学、人間環境大学講師も兼任。

「NHKスペシャル　常識の壁を打ち破れ」「プロフェッショナル　仕事の流儀」（以上、NHK）、「ガイヤの夜明け」（テレビ東京系列）などに出演。

主な著書

「トヨタ生産方式をトコトン理解する事典」（日刊工業新聞社）
「トヨタ生産方式と作業改善実践マニュアル」（日本生産性本部）
「ムダとり」（幻冬舎）など

NDC 509

ムダの向こうに見えたもの
山田日登志の改善魂

二〇一六年一二月二〇日　初版第一刷発行

©著者　山田日登志
発行者　井水　治博
発行所　日刊工業新聞社　東京都中央区日本橋小網町一四―一
郵便番号　一〇三―八五四八
電話　書籍編集部　〇三（五六四四）七四九〇
電話　販売・管理部　〇三（五六四四）七四一〇
FAX　〇三（五六四四）七四〇〇
振替口座　〇〇一九〇―二―一八六〇七六
URL　http://pub.nikkan.co.jp/
e-mail　info@media.nikkan.co.jp

印刷所　新日本印刷㈱

写真　堀　勝志古

定価はカバーに表示してあります。
落丁・乱丁本はお取り替えいたします。
ISBN　978-4-526-07522-3　2016　Printed in Japan